Vorlagenbogen

Tontopf-Figuren.
Maxi-Bastelspaß mit Mini-Töpfen

ISBN 3-89858-335-X

1

2

5

Klein, aber oho!

Jetzt kommen die Tontopf-Minis! Von diesen niedlichen Geschöpfen werden alle großen und kleinen Tontopf-Bastler begeistert sein. In diesem Buch tummeln sich dekorative Marienkäfer und Elfen, witzige Tisch-Männchen mit Namensschild oder Kerze, eine kleine Hexe am Besenstiel und ein Schutzengel als Drehfigur. Dazu finden Sie lustige Figuren-Ketten für Ihre Fensterdekoration, eine Hasen-Girlande als Wandschmuck und natürlich den jonglierenden Clown vom Titelbild. Vielleicht suchen Sie auch nach einer witzigen Geschenkverpackung? Dann sind die Überraschungsmäuse oder eine kleine Spanschachtel mit einem Tontopf-Hocker genau das Richtige. Oder Sie verschönern Ihr nächstes Geschenk mit einem Mini-Anhänger. Sicher werden Sie mit der Zeit auch eigene Ideen zum Thema „Tontopf-Minis" entwickeln. Dabei wünsche ich Ihnen viel Freude!

Ihre Petra Boniberger

Inhaltsverzeichnis

Tontopf-Mini mit Armen

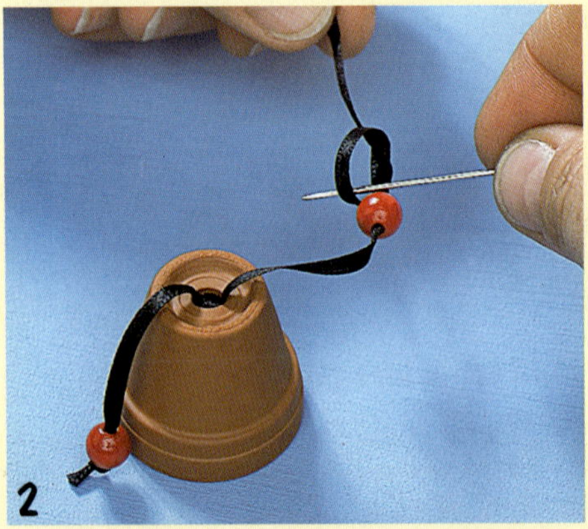

Grundmaterial:

- 1 Tontopf
- 1 einseitig gebohrte Holzkugel
- Schaschlikspieß
- Geschenkband, 3 mm breit
- Sticknadel
- Holzperlen für die Hände
- Schere
- Kraftkleber

1. Den Schaschlikspieß auf den Durchmesser des Topfbodens kürzen. Das Geschenkband auf eine Länge von ca. 30 cm zuschneiden und in die Mitte des Hölzchens knoten. Die Bänder durch den Topfrumpf nach außen führen und das Hölzchen im Rumpf festklemmen.

2. Das Geschenkband auf eine Sticknadel mit großer Öse fädeln und auf jede Seite eine Perle als Hand aufziehen. Die Holzperlen mit einem Knoten sichern. Dazu die Schlaufe mit einem Zahnstocher in die richtige Position schieben und den Knoten vorsichtig anziehen. Die Bandenden abschneiden.

3. Die zuvor grundierte und gestaltete Holz- oder Wattekugel mit Kraftkleber als Kopf auf den Boden den Tontopfes kleben.

Tipp: *Beim Kleben darauf achten, dass nicht zuviel Klebstoff aufgetragen wird, der beim Andrücken der Kugel seitlich herausquellen würde.*

Tontopf-Mini mit Armen, Beinen und Aufhängung

Grundmaterial:

- 1 Tontopf
- 1 durchbohrte Holzkugel
- Schaschlikspieß
- Stickgarn, Sticknadel
- Holzperlen für Hände und Füße
- Schere
- Kraftkleber

1. Den Schaschlikspieß kürzen. Für Arme und Beine zwei Garnfäden von etwa 30 cm Länge zuschneiden. Die Fadenmitte an den gekürzten Holzspieß knoten. Das Garn für die spätere Aufhängung ebenfalls anknoten. Die Garnfäden für Arme und Aufhängung von innen durch die Öffnung im Topfboden führen. Das Holz innen im Topf festklemmen.

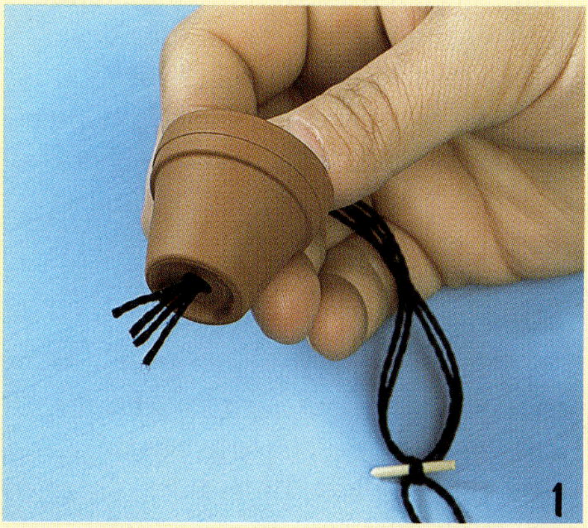

2. Die Perlen für Hände und Füße mit Hilfe einer Sticknadel auf das Garn fädeln. Das Garn unter den Perlen verknoten und, falls nötig, kürzen.

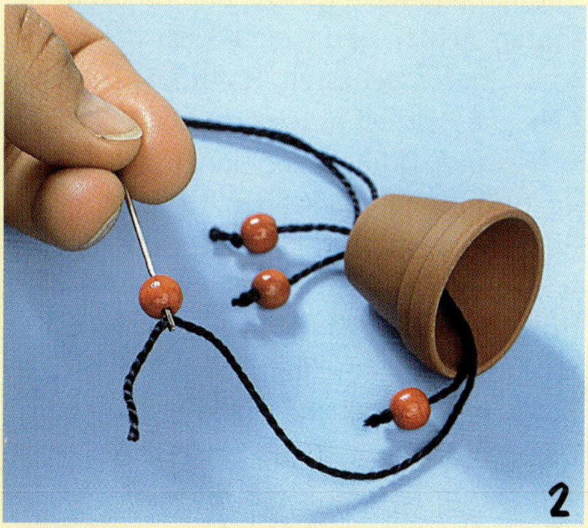

3. Das Garn für die Aufhängung mit Hilfe der Sticknadel durch die Holzkugel ziehen. Die Kugel mit Kraftkleber auf den Topfboden kleben.

Tipp: *Bei vielen Modellen in diesem Buch werden kleine Perlen als Nase aufgeklebt. Damit die Öffnung der Perle nicht stört, füllen Sie das Loch der Perle nach dem Aufkleben mit einem kleinen Tropfen Klebstoff, den Sie nach dem Trocknen mit einem passenden Farbtupfer der Perlenfarbe angleichen.*

Alles über Tontöpfe

• **Ton- oder Terrakottatöpfe** (ital. Terracotta = gebrannter Ton) gibt es in den verschiedensten Größen und Formen. Diese verschiedenen Arten von Tontöpfen erhalten Sie in Bastelgeschäften, in gut sortierten Baumärkten oder in Blumengeschäften. Hier finden Sie auch Keramiktöpfe, also gebrannte und glasierte Tontöpfe.

Tontöpfe sind als herkömmliche Blumentöpfe erhältlich, aber auch als schlanke, hohe Rosentöpfe, Halbtöpfe, bauchige Glockentöpfe, flache Untersetzer, spitz zulaufende oder kugelförmige Töpfe.

Mit den Blumen-, Rosen- und Glockentöpfen werden gerne die Körper der Tontopf-Figuren gebastelt. Halbtöpfe lassen sich zum Beispiel für Gesichter oder Arme verwenden. Untersetzer eignen sich für die Gestaltung von Kragen, Gesichtern, Pflanz- oder Trinkschalen. Die spitz zulaufenden Töpfe sehen als Schnäbel oder Hüte lustig aus. Kugelförmige Töpfe sind für Köpfe zu empfehlen.

Besonders beliebt sind Mini-Tontöpfchen. Diese sind sehr vielfältig einsetzbar und können für Körper, Arme, Beine, Ohren oder Nasen verwendet werden.

Für das Basteln von Tontopf-Figuren benötigen Sie neben den Tontöpfen folgende Materialien und Werkzeuge:

• Zum Verkleben der Tontöpfe miteinander und mit anderen Materialien sind **Kraft-** oder **Alleskleber**, **Silikonkleber**, **Montage-Acrylkleber**, **Holzleim** und **Heißkleber** geeignet. Überquellender Klebstoff lässt sich gut mit einem Wattestäbchen entfernen.

• Zu den notwendigen Hilfsmitteln gehören **Schere**, einfaches oder doppelseitiges **Klebeband**, **Nadeln** und **Holzstäbchen**.

Als Köpfe, Nasen oder Hände eignen sich am besten Holz- und Styroporkugeln in verschiedenen Größen.

• Zum Verbinden der Arme und Beine mit dem Körper bietet sich **Bast** oder **Paketschnur** an. Mit Bast, den man in verschiedenen Farben kaufen kann, lassen sich auch Haare gut gestalten.

• Für Haare eignen sich außerdem **Hanf**, **Langhaar-Plüsch** oder **Engelshaar**.

• Mit Stoffresten, Draht, Filz, Perlen, Bändern, Knöpfen, Federn, Pappkarton, Moosgummi, Rupfen, Pfeifenputzern und künstlichen oder echten Blumen kann man die Figuren wunderbar verschönern.

• **Schleifen**, **Bänder** oder Ähnliches eignen sich zum Verdecken von unschönen Verbindungsstellen der Tontöpfe oder von Übergängen.

• Zum Bemalen der Tontöpfe bieten sich **Bastelfarben**, **Acrylfarben**, spezielle **Terrakottastifte** oder **Dekomarker** an. Beim Bemalen ist darauf zu achten, dass die Farbe mindestens zweimal aufgetragen werden muss, damit sie deckt.

• **Klarlack**, **Acryllack** oder **3D-Lack** bieten den notwendigen Schutz vor Nässe, wenn die Tontopf-Figur auf Balkon oder Terrasse stehen soll.

• Für das Bohren von Löchern in Tontöpfe empfiehlt sich ein **Handbohrer** oder eine **Bohrmaschine** (am besten mit Bohrständer und einem 5 mm Steinbohrer-Aufsatz). Der Bohrer sollte senkrecht auf die Tonfläche treffen. Dabei nicht zuviel Druck ausüben! Die Bohrspitze gegen ein evtl. Heißlaufen mehrmals in einem Glas Wasser mit Spülmittel kurz abkühlen. Bei mittlerer Drehzahl bohren!

• Mit Hilfe einer feingezahnten **Säge** können Tontöpfe auch gesägt werden.

Große Tontopf-Übersicht

Arten	Bezeichnungen	Größen	Eignung
	Blumentopf	8 – 23 cm Ø	geeignet für Körper, Kopf, Hut, Klangspiel
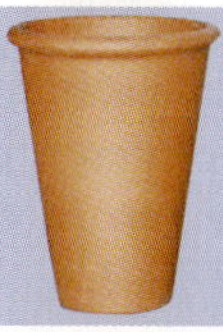	Rosentopf	7 – 22 cm Ø	geeignet für Körper
	runder Wandtopf	3 – 11 cm Ø	geeignet für Gesicht, Arme, Körper
	Glockentopf	9 – 17 cm Ø	geeignet für Körper, Klangspiel
	Untersetzer	6 – 21 cm Ø	geeignet für Kragen, Gesicht, Pflanz- und Trinkschalen
	spitzer Wandtopf	12 – 17 cm Ø	geeignet für Schnabel, Hut
	kugelförmiger Topf	5,5 cm Ø	geeignet für Köpfe
	Minitopf	1,5 – 6 cm Ø	geeignet für Körper, Arme, Beine, Ohren, Nasen, Körper

Schlenkermax und Schlenkermia

1. Die Holzkugeln auf Pinselstiele stecken und mit Gelb bemalen. Trocknen lassen. Mit Klarlack übermalen und wiederum trocknen lassen.

2. Die Holznasen mit Kraftkleber fixieren. Für die Augen schwarze Indianerperlen aufkleben. Dafür mit der Zahnstocherspitze den Kleber punktuell auftragen und die Perlen hineinsetzen. Den Mund mit Schwarz aufmalen.

3. Für jede Figur ein passendes Stück Schaschlikspieß auf die benötigte Länge zuschneiden (siehe Grundkurs Seite 3).

4. Für die Beine jeweils zunächst eine Perle auf einen längeren Stickgarnfaden fädeln. Die Fadenenden zusammennehmen und weitere Perlen aufziehen. Den Faden über der letzten Perle an dem Hölzchen anknoten. Den Perlonfaden in der Hölzchenmitte festknoten.

5. Das Hölzchen von unten in den Topfrumpf stecken und quer stellen. Den Perlonfaden durch das Loch im Topfboden nach außen führen.

6. Die Arme ebenso fertigen wie die Beine. Den lang belassenen Faden mit Hilfe der Nadel von oben in den Topfrumpf führen, um das Hölzchen legen, wieder nach außen ziehen und fest verknoten.

7. Zuletzt den Perlonfaden durch den Kopf ziehen und den Kopf auf den Topfboden kleben. Alles gut trocknen lassen.

8. Aus dem Juteband einzelne Fäden ziehen, bündeln und mit dem Draht abbinden. Den Perlonfaden durch das Haarbüschel ziehen und die Haare in der Bohrung der Holzkugel fixieren. Zum Schluss die beiden Enden der Perlonschnur miteinander verknoten und die Schlenkerfiguren aufhängen.

Material:

- *Tontöpfe, Ø 3,5 cm und 4,7 cm*
- *Holzkugeln, Ø 25 mm und Ø 30 mm*
- *2 kleine Holzperlen in Rot (Nasen)*
- *4 Indianerperlen in Schwarz*
- *Bunte Holzperlen*
- *Marabu-Decormatt Bastelfarbe in Gelb und Schwarz*
- *Marabu-aqua-Klarlack*
- *Pinsel*
- *Stickgarn*
- *Perlonfaden*
- *Spitze Sticknadel*
- *Juteband in Rot*
- *Zahnstocher und Schaschlikspieß*
- *Dünner Basteldraht*
- *Pinzette*
- *Schere*
- *Kraftkleber*

Hand in Hand im Zwergenland

1. Als Erstes werden die Arme gestaltet. Dazu eine Holzperle auf ein längeres Stück Geschenkband fädeln und die Bandenden von der Innenseite eines Topfes durch die Öffnung im Topfboden nach außen ziehen. Ein Band lang belassen und auf das andere Bandende eine grüne Holzperle als Hand fädeln. Die Perle mit einem Knoten sichern.

2. Auf das lange Bandende erst eine grüne, dann eine gelbe Perle als Hände auffädeln. Das Band von oben in die Öffnung des zweiten Topfes stecken, eine Perle aufziehen und das Band wieder nach außen ziehen. Nun eine gelbe und eine blaue Perle auffädeln und auf gleiche Weise mit dem dritten Topf verbinden. Als Letztes eine blaue Perle auffädeln und mit einem Knoten sichern.

3. Die drei Holzkugeln für die Köpfe auf Pinselstiele stecken, hautfarben bemalen und trocknen lassen. Aus Bastelfilz je ein Rechteck von 5,5 x 11,5 cm in Grün, Rot und Blau zuschneiden. Jeweils eine lange Kante dünn mit Kleber bestreichen und die Filzstücke um die Köpfe kleben. Den Filz zusammennehmen und mit dem Stickgarn straff abbinden, verknoten und eine Schleife binden.

4. Als Nasen die Holzperlen aufkleben. Mit Schwarz die Augenpunkte setzen und den Mund malen. Die fertigen Köpfe mit Kraftkleber auf die Topfböden kleben. Zum Schluss die gelben Perlen als Knöpfe aufkleben.

Material:

- *3 Tontöpfe, Ø 4,7 cm*
- *3 Holzkugeln, durchgebohrt, Ø 35 mm*
- *Je 2 Holzperlen in Grün, Gelb, Blau, Ø 13 mm*
- *3 Holzperlen in beliebiger Farbe, Ø 13 mm*
- *3 kleine Holzperlen in Rot*
- *9 kleine Holzperlen in Gelb*

- *Geschenkband in Gelb, 3 mm breit*
- *Marabu-Decormatt Bastelfarbe in Hautfarbe und Schwarz*
- *Pinsel*
- *Bastelfilz in Grün, Rot, Blau*
- *Stickgarn in Grün, Rot, Blau*
- *Schere*
- *Kraftkleber*

Rosarote Blumenkinder

1. Die Tontöpfe in Purpurrosa, Pink und Violett bemalen. Die Holzkugeln auf Pinselstiele stecken und hautfarben bemalen.

2. Die Holzperlen als Nasen auf die Kopf-Kugeln kleben und mit der Zahnstocherspitze schwarze Augenpunkte aufsetzen. Die rosa Bäckchen mit einem Wattestäbchen auftupfen.

3. Das hellgrüne Stickgarn für Arme und Beine, das purpurfarbene Garn für die Aufhängung verwenden (siehe Grundkurs Seite 3).

4. Die Perlen für Hände und Füße auffädeln und mit einem Knoten sichern. Das Stickgarn für die Aufhängung durch die Köpfe ziehen und die Köpfe mit Kraftkleber auf die Topfböden kleben.

5. Die Blumen von der Vorlage auf Tonpapier übertragen und ausschneiden. Mit Hilfe der Sticknadel die Blüten auffädeln und mit etwas Kleber auf den Köpfen fixieren.

6. Je eine Holzperle auffädeln und auf die Blume kleben. Aufhängeschlaufen ins Garn knoten.

7. Zum Schluss aus dem Geschenkband kleine Schleifen binden und unterhalb des Kopfes auf die Tontöpfe kleben.

Material:

- *3 Tontöpfe, Ø 3,5 cm*
- *3 durchbohrte Holzkugeln, Ø 25 mm*
- *Je 5 Holzperlen in Rosa, Pink, Lila, Ø 7 mm*
- *Je 1 Holzperle in Rosa, Pink, Lila, Ø 5 mm*
- *Tonpapier in Rosa, Pink, Violett rötlich*
- *Marabu-Decormatt Bastelfarbe in Purpurrosa, Pink, Violett rötlich, Hautfarbe, Zartrosa*
- *Pinsel*
- *Stickgarn in Hellgrün und Purpur*
- *Sticknadel*
- *Geschenkband in Hellgrün, 3 mm breit*
- *Wattestäbchen und Zahnstocher*
- *Schere*
- *Kraftkleber*

Vorlage 1

Hexchen am Besenstiel

1. Mit der Bohrmaschine zwei gegenüber liegende Löcher in die Seitenwand des Tontopfes bohren. Den Tontopf mit Orange bemalen. Trocknen lassen. Aus Moosgummi einen Stempel für die Punkte herstellen (siehe Marienkäfer, Seite 28). Die Punkte mit hellgrüner Farbe aufdrucken.

2. Die Holzkugel auf einen Pinselstiel stecken. Für die Nase die kleine Perle mit Kraftkleber auf die Kugel kleben.

3. Den Kopf hautfarben, die Nase rosa bemalen. Die Augen mit Schwarz aufsetzen und den Mund aufmalen. Die orangefarbenen Sommersprossen mit der Spitze des Schaschlikspießes auftupfen. Die Holzschuhe rosa bemalen. Trocknen lassen.

4. Die Enden des Geschenkbandes miteinander verknoten. Das Band als Schlaufen durch beide Löcher ziehen. Der Knoten soll dabei im Tontopf liegen. Auf die Bänder je eine Holzperle auffädeln und etwas nach unten ziehen. Den Besenstiel durch die Schlaufen der Bänder führen und die Holzperlen nach oben schieben.

5. Einen Schaschlikspieß auf den Durchmesser des Topfbodens kürzen. Das Band für die Beine mittig daran knoten. Das Hölzchen von unten in den Topfrumpf klemmen. In die Bandenden jeweils einen dicken Knoten machen und mit Kleber in den Schuhen fixieren. Zwei kleine Schleifen binden und auf die Schuhe kleben.

6. Den Kopf auf den Topfboden kleben. Die Kokosfasern bündeln und in der Mitte mit dem Draht straff abbinden. Die Haare mit Heißkleber auf den Kopf kleben. Darauf den Zylinder mit etwas Heißkleber fixieren. Zum Aufhängen ein Stück Garn am Besen befestigen.

Material:

- *1 Tontopf, Ø 4,7 cm*
- *1 Holzkugel, einseitig angebohrt, Ø 35 mm*
- *2 Holzschuhe, 25 mm lang*
- *2 Holzperlen in Gelb*
- *Kleine Holzperle, unlackiert*
- *1 Besen, 18 cm lang*
- *1 Mini-Zylinder*
- *Marabu-Decormatt Bastelfarbe in Orange, Hellgrün, Hautfarbe, Rosa*
- *Moosgummirest*
- *Geschenkband in Hellgrün, 3 mm breit*
- *Kokosfasern in Rot*
- *Dünner Golddraht*
- *Pinsel*
- *Schaschlikspieß*
- *Bohrmaschine mit Steinbohreraufsatz, Ø 4 mm*
- *Lochzange, Schere*
- *Kraftkleber*
- *Klebepistole*

Schornsteinfeger bringen Glück

1. Den Tontopf mit Schwarz bemalen. Trocknen lassen. Die Wattekugel zum Bemalen auf einen Schaschlikspieß stecken. Von dem Wattestäbchen eine wattierte Spitze abschneiden und als Nase auf die Kugel kleben.

2. Kopf und Nase hautfarben bemalen. Alles gut trocknen lassen. Mit der Spitze des Schaschlikspießes vorsichtig zwei schwarze Augenpunkte aufsetzen, danach den Mund in Schwarz, die Wangen mit Rot aufmalen.

3. Die Bänder für Arme und Beine an einem passend zugeschnittenen Stück Schaschlikspieß befestigen (siehe Grundkurs Seite 3).

4. Die Perlen als Hände auffädeln und mit einem Knoten sichern. Das Band durch die Füße fädeln, die Bandenden unter den Schuhsohlen ankleben.

5. Das Stickgarn doppelt nehmen und mit der Sticknadel durch den Wattekugel-Kopf ziehen. Die Wattekugel mit Kraftkleber auf den Topfboden kleben. Trocknen lassen.

6. Das Garn mit der Nadel durch den Zylinder ziehen und diesen mit Kleber auf dem Kopf fixieren. Die Pompons auf den Tontopf, den Marienkäfer auf den Zylinder kleben.

Tipp: *Der kleine Schornsteinfeger ist auch für sich alleine ein nettes Geschenk oder lustiges Mitbringsel zur Silversterparty.*

Material:

- *1 Tontopf, Ø 3,5 cm*
- *1 Wattekugel, Ø 25 mm*
- *2 Holzperlen*
- *2 Holzfüße*
- *2 Mini-Pompons in Schwarz*
- *1 Marienkäfer-Streuteil*
- *1 schwarzer Zylinder, Innendurchmesser 23 mm, 25 mm hoch*
- *Marabu-Decormatt Bastelfarbe in Schwarz, Rot und Hautfarbe*
- *Geschenkband in Schwarz, 3 mm breit*
- *Stickgarn in Schwarz*
- *Spitze Sticknadel*
- *Schaschlikspieße*
- *Wattestäbchen*
- *Pinsel*
- *Schere*
- *Kraftkleber*

Tischkarten-Kerlchen

1. Die Tontöpfe mit Weiß vorgrundieren. Trocknen lassen. Nach Wunsch farbig bemalen. Nochmals trocknen lassen.

2. Die Eier auf Zahnstocher stecken, die Wattekugel-Nasen aufkleben. Zunächst die Köpfe hautfarben bemalen. Dann die Augen mit Schwarz aufsetzen und die Bäckchen aufmalen. Die Wattekugeln auf Zahnstocher stecken und ebenfalls hautfarben bemalen. Gut trocknen lassen.

3. Die Vorlage des Kragens auf Tonkarton übertragen und ausschneiden. Diese Schablone auf den Filz legen und mit einem weichen Bleistift übertragen.

4. Die Filzformen nun ausschneiden und mit Kleber auf den Topfböden anbringen. Die Köpfe darauf kleben.

5. Pro Kopf ein paar Kokosfasern bündeln und mit dem Draht in der Mitte straff abbinden. Die Haare mit Kraftkleber aufkleben.

6. Die Wattekugeln seitlich an die Tontöpfe kleben. Mit der Konturenschere kleine Schildchen aus Tonpapier zuschneiden, beschriften und an die Zahnstocher kleben. Die Zahnstocher mit Kraftkleber auf den Wattekugel-Händen befestigen.

Material:

- *Tontöpfe, Ø 3,5 cm*
- *Holzeier, 3 cm lang*
- *Wattekugeln, Ø 10 mm (Nasen) und 12 mm (Hände)*
- *Marabu-Decormatt Bastelfarbe in Weiß, Mittelgelb, Orange, Rosa, Pink, Hellblau, Maigrün, Hautfarbe, Schwarz*
- *Bastelfilz in bunten Farben*
- *Kokosfasern in Orange und Gelb*
- *Dünner Silberdraht*
- *Tonpapier in bunten Farben*
- *Filzstift in Schwarz*
- *Tonkartonrest*
- *Zahnstocher*
- *Pinsel, weicher Bleistift*
- *Zickzack-Konturenschere*
- *Schere*
- *Kraftkleber*

Vorlage 2

OSKAR
TINA
OMI
NILS
MIKA
LISA

Kerzen-Männchen

1. Die Tontöpfe weiß grundieren. Nach dem Trocknen in Rosa oder Zartblau bemalen. Trocknen lassen.

2. Die Holzkugeln auf Pinselstiele stecken. Die Holzperlen mit Kraftkleber als Nasen aufkleben. Die Perlenöffnung mit einem Tropfen Kraftkleber schließen (siehe auch Tipp auf Seite 3).

3. Die Köpfe hautfarben bemalen. Trocknen lassen. Schwarze Augenpunkte und rosa Bäckchen aufmalen. Die Köpfe mit Kraftkleber auf die Tontöpfe kleben.

4. Jeweils drei Mini-Pompons mit Klebstoff aufkleben. Die Kerzenhalter mit Klebepads in den Kugelöffnungen fixieren und mit einer Kerze bestücken. Falls nötig, die Kugellöcher für die Halter mit einem scharfen Messer etwas vergrößern.

Material:

- *Tontöpfe, Ø 3,5 cm*
- *Holzkugeln, durchgebohrt, Ø 2,5 cm*
- *Kleine Perlen*
- *Mini-Pompons in Zartrosa und Hellblau*
- *Kleine Geburtstagskerzen mit Halter*
- *Marabu-Decormatt Bastelfarbe in Weiß, Zartrosa, Zartblau, Hautfarbe*
- *Pinsel*
- *Kraftkleber*
- *Klebepads*

Schutzengel

1. Den Tontopf weiß grundieren. Dazu die Farbe mit dem Schwamm auftupfen. Trocknen lassen. Die Holzkugel auf einen Pinselstiel stecken und die kleine Holzperle mit Kraftkleber aufkleben. Den Kopf hautfarben bemalen. Trocknen lassen. Die Augen und den Mund mit Schwarz, die Wangen mit Rot aufmalen. Mit der Spitze des Schaschlikspießes die Sommersprossen in Orange aufsetzen.

2. Die Bänder für Arme und Beine befestigen (siehe Grundkurs Seite 3). Die Holzperlen auffädeln und mit einem Knoten sichern.

3. Den Zwirn für die Aufhängung durch den Kopf ziehen. Den Kopf auf den Topfboden kleben. Ein paar Bastfäden bündeln und im unteren Drittel straff abbinden. Den Bast oben auseinander drücken. Mit einer Nadel den Zwirn hindurchziehen. Den abgebundenen Bast in das Holzloch stecken.

4. Die Vorlage des Flügels auf den Tonkarton übertragen und ausschneiden. Den Flügel mit einem Klebepad von hinten gegen den Topf kleben.

5. Ein rechteckiges Schild aus Tonkarton zuschneiden. Aus Tonpapier ein etwas kleineres Schild mit der Büttenschere zuschneiden, beschriften und aufkleben. Mit der Lochzange lochen. Das Geschenkband durchziehen, um den Hals des Engels legen und auf der Rückseite verknoten.

Tipp: *Ein Schutzengel ist ein schönes Geschenk für viele Gelegenheiten. Mit einem passenden Text versehen, wird er noch individueller. Wie wäre es zum Beispiel mit „Gute Reise" oder „Dem neuen Erdenbürger" oder „Für Tina & Tom zur Hochzeit"? Einen Schutzengel kann man schließlich immer gebrauchen!*

Material:

- *1 Tontopf, Ø 5,5 cm*
- *1 Holzkugel, durchgebohrt, Ø 35 mm*
- *1 kleine Holzperle (Nase)*
- *4 bunte Holzperlen*
- *Marabu-Decormatt Bastelfarbe in Weiß, Hautfarbe, Schwarz, Scharlachrot, Orange*
- *Feinporiger Schwamm*
- *Pinsel*
- *Geschenkband in Gelb, 3 mm breit*
- *Weißer Zwirn*
- *Edelbast in Gelb*
- *Gepunkteter Tonkarton*
- *Tonpapier in Gelb*
- *Bütten-Konturenschere*
- *Schere*
- *Lochzange*
- *Schaschlikspieß*
- *Bohrmaschine mit Steinbohreraufsatz, Ø 5 mm*
- *Klebepad*
- *Kraftkleber*

Vorlage 3

Ich bin
Dein
Schutzengel!

Hochzeitspaar

1. Die Tontöpfe mit Weiß und Schwarz grundieren und trocknen lassen. In einem zweiten Arbeitsschritt Weiß und Schwarz mit einem feinporigen Schwamm auftupfen, so dass eine Struktur entsteht. Trocknen lassen.

2. Die Holzkugeln auf Pinselstiele stecken und die kleinen Perlen als Nasen aufkleben. Die Köpfe hautfarben, die Nasen rosa bemalen. Trocknen lassen. Die Halbperlen mit der Pinzette und etwas Kleber fixieren. Den Mund und die Bäckchen aufmalen.

3. An ein schwarzes und ein weißes Stück Band je ein passendes Stück Schaschlikspieß knoten (siehe Grundkurs Seite 2). Das Hölzchen durch die Topföffnung drücken und im Rumpf quer stellen.

4. Die Perlen auf die Bänder ziehen und mit einem Knoten sichern. Die Köpfe auf die Topfböden kleben.

5. Für die Haare der Braut mehrere Stickgarnfäden bündeln und im letzten Drittel mit Draht straff abbinden. Die Haare mit Kraftkleber auf dem Kopf fixieren und den Hut aufkleben. Auf Hut und Kleid die Blümchen mit Kraftkleber fixieren.

6. Den Zylinder auf den Kopf des Bräutigams kleben. Aus weißem Satinband eine Fliege mit Draht abbinden und auf den Tontopf kleben.

Material:

- *2 Tontöpfe, Ø 4,7 cm*
- *2 Holzkugeln, Ø 35 mm*
- *6 Holzperlen*
- *4 Halbperlen in Schwarz, Ø 3 mm*
- *6 künstliche Blümchen*
- *1 Zylinder, Innendurchmesser 30 mm, 30 mm hoch*
- *1 Hut, Innendurchmesser ca. 28 mm*
- *Marabu-Decormatt Bastelfarbe in Weiß, Schwarz, Hautfarbe, Purpurrosa*
- *Pinsel*
- *Geschenkband in Weiß und Schwarz, 3 mm breit*
- *Satinband in Weiß, 1,5 cm breit*
- *Stickgarn in Gelb*
- *Schaschlikspieß*
- *Dünner Silberdraht*
- *Feinporiger Schwamm*
- *Pinzette, Schere*
- *Kraftkleber*

Glückwunsch zur Geburt!

1. Die Halbtöpfe in Rosa und Hellblau bemalen. Trocknen lassen. Die Halbkugeln hautfarben bemalen und die Holzperlen nach dem Trocknen als Nasen aufkleben. Die Bäckchen in Rosa aufmalen. Mit Schwarz die Augenpunkte aufsetzen. Für die Haare ein kurzes Stück Kordel mit Kraftkleber aufkleben. Die Haare ein wenig auseinander ziehen.

2. Jeweils ein Stück Geschenkband mit Klebstoff um die Töpfe kleben. Eventuell zusätzlich aus dem Band eine kleine Schleife binden und aufkleben. Den Kopf in den Halbtopf kleben.

3. Für den Anhänger ein Tonkarton-Rechteck von 7,3 x 12 cm zuschneiden. Das Rechteck in der Mitte falzen und falten.

4. Auf die Rückseite des Streifen-Papiers ein Rechteck von 4,6 x 5,6 cm zeichnen. Das Rechteck mit der Konturenschere ausschneiden und auf die Karte kleben. Die Karte lochen, das Geschenkband durchziehen und den Halbtopf aufkleben.

Material:

- *2 Halbtöpfe, 3,3 cm lang*
- *2 Halbkugeln, Ø 25 mm*
- *2 kleine Holzperlen in Rosa*
- *Marabu-Decormatt Bastelfarbe in Zartrosa, Hellblau, Hautfarbe, Schwarz*
- *Pinsel*
- *Geschenkband in Weiß, 3 mm breit*
- *Dicke Paketkordel*
- *Tonkarton in Rosa und Hellblau, einseitig geprägt*
- *Streifen-Design-Papier „Geburt"*
- *Bleistift*
- *Cutter, Lineal und Falzbein*
- *Schere*
- *Bütten-Konturenschere*
- *Lochzange*
- *Klebstoff*
- *Kraftkleber*

Überraschungsmäuse

1. Die Tontöpfe bemalen, trocknen lassen. Die kleinen Tontöpfe auf die großen Tontöpfe kleben. Die Halbkugeln mit Pink und Rot bemalen, trocknen lassen.

2. Aus Tonpapier die Barthaare fertigen. Dazu mit dem Cutter am Lineal entlangfahren und schmale Streifen abschneiden. Die Haare hinter die Halbkugeln und diese auf die kleinen Tontöpfe kleben.

3. Die Vorlage für das Ohr auf Tonkarton übertragen und ausschneiden. Die Schablone auf den Filz legen und die Konturen mit dem Bleistift nachfahren. Die Ohren ausschneiden, an der Markierungslinie einschneiden und leicht überlappend aufeinander kleben. Die kleinen Halbperlen als Augen und die Pompons als Nasen auf die Halbkugeln kleben. Nun verpacken Sie die Präsente in Seiden- oder Geschenkpapier. Das Papier mit einem Kringelband zusammenbinden und in die Mäuse stecken.

Material:

- *Je 2 Tontöpfe, Ø 5,5 cm und Ø 3,5 cm*
- *2 Holz-Halbkugeln, Ø 20 mm*
- *4 Halbperlen in Schwarz, Ø 5 mm*
- *2 Mini-Pompons in Schwarz*
- *Marabu-Decormatt Bastelfarbe in Zartrosa, Pink, Scharlachrot*
- *Tonpapier in Schwarz*
- *Seidenpapier in Pink und Rot*
- *Bastelfilz in Pink und Rot*
- *Weicher Bleistift, Pinsel*
- *Cutter und Lineal, Schere*
- *Kraftkleber, Kringelband*

Vorlage 4

Marienkäfer, flieg!

1. Die Tontöpfe mit Weiß grundieren. Trocknen lassen. Dann mit Scharlachrot bemalen, trocknen lassen. Aus dem Moosgummi einen Stempel herstellen. Dazu mit der größten Lochung der Lochzange einen Moosgummipunkt ausstanzen. Den Punkt auf das flache Ende eines Schaschlikspießes kleben. Auf die Stempelfläche schwarze Farbe auftragen und die Punkte auf die Tontöpfe drucken.

2. Die Wattekugeln auf Schaschlikspieße stecken, hautfarben bemalen und trocknen lassen. Das Stickgarn doppelt nehmen und mit der Sticknadel von oben durch die Köpfe ziehen. Das Garn durch die Topföffnung ziehen, eine Holzperle auffädeln und darunter mit einem Knoten sichern.

3. Die Köpfe ganz nach unten schieben und mit Kraftkleber auf die Topfböden kleben. Die Holzperlen für die Nasen in Rot bemalen und auf die Köpfe kleben. Mit Hilfe einer Pinzette die Indianerperlen als Augen aufkleben.

4. Für die Fühler pro Käfer zwei Drahtstücke spiralförmig um einen Schaschlikspieß winden. Den Draht abziehen. Mit der Sticknadel zwei Löcher in den Kopf pieksen und den Draht mit Kleber darin fixieren. Auf die Drahtenden die Pompons kleben. Für die Haare ein paar Bastfäden zusammennehmen und mit Draht straff abbinden. Die Haare kürzen und auf die Köpfe kleben.

Tipp: *Diese liebenswerten Marienkäfer machen sich auch sehr nett als Tischdekoration auf einem grünen Bett aus Gras oder Moos.*

Material:

- *3 Tontöpfe, Ø 3,5 cm*
- *3 Wattekugeln, Ø 25 mm*
- *6 Holzperlen*
- *6 Mini-Pompons in Schwarz*
- *Indianerperlen in Schwarz*
- *Marabu-Decormatt Bastelfarbe in Weiß, Scharlachrot, Schwarz, Hautfarbe*
- *Pinsel*
- *Moosgummirest*
- *Stickgarn in Rot*
- *Spitze Sticknadel*
- *Edelbast in Schwarz*
- *Dünner Basteldraht*
- *Schaschlikspieße*
- *Lochzange und Pinzette*
- *Schere*
- *Kraftkleber*

Zarte Elfen

1. Die Wattekugel mit Kraftkleber im unteren Tontopf fixieren. Den zweiten Tontopf mit Kraftkleber darauf kleben. Die Tontöpfe mit Weiß grundieren. Trocknen lassen. Nun die Tontöpfe in Gelb und Zartrosa bemalen und wiederum trocknen lassen.

2. Für die Aufhängung einen Schaschlikspieß auf den Durchmesser des Topfbodens kürzen. Stickgarn daran festknoten und lang belassen. Das Garn für die Arme ebenfalls am Hölzchen festknoten. Die Perlen für die Hände auffädeln und mit einem Knoten sichern. Das Hölzchen von oben durch die Topföffnung stecken, so dass es sich quer stellt.

3. Die großen Holzkugeln auf Pinselstiele stecken, hautfarben bemalen und trocknen lassen. Die Holzkugeln für Nasen und Kronen gelb bemalen. Nach dem Trocknen die Nase aufkleben. Die Augenpunkte mit Schwarz aufsetzen und die Bäckchen mit einem Wattestäbchen in Zartrosa auftupfen.

4. Das Garn durch die Blumenringe führen. Die Ringe auf den Bodenrand kleben. Nun das Garn durch die Köpfe ziehen und diese auf die Topfböden kleben. Zuletzt die Kronen-Perlen auffädeln.

5. Das Transparentpapier auf die Vorlage legen, die Flügelkonturen mit Bleistift nachfahren und ausschneiden. Die Flügel von hinten gegen die Tontöpfe kleben.

6. Das Garn verknoten und die zarten Elfen aufhängen. Am schönsten wirken sie an Blütenzweigen oder Haselnuss-Ruten.

Material:

- *4 Tontöpfe, Ø 3,5 cm*
- *2 Wattekugeln, Ø 30 mm*
- *2 Holzkugeln, Ø 25 mm*
- *Je 4 Perlen für die Hände*
- *Je 1 Perle für die Nase*
- *Je 1 Perle für die Krone*
- *2 Blütenringe aus Holz, Innendurchmesser 17 mm*
- *Marabu-Decormatt Bastelfarbe in Weiß, Mittelgelb, Zartrosa, Hautfarbe, Schwarz*
- *Schaschlikspieß*
- *Pinsel und Wattestäbchen*
- *Stickgarn in Gelb und Pink*
- *Extrastarkes Transparentpapier mit Blumenaufdruck*
- *Bleistift*
- *Schere*
- *Kraftkleber*

Vorlage 5

Kater und Kätzchen

1. Die Holzkugeln mit Kraftkleber auf die unbemalten Tontöpfe kleben. Trocknen lassen. Gelbocker, Mittelbraun und Scharlachrot zu einem Terracotta-Ton mischen und die Köpfe damit bemalen. Trocknen lassen.

2. Nase, Mund und Augen mit Schwarz aufmalen. In die Augen mit der Zahnstocherspitze weiße Lichtpunkte setzen. Die Bartstoppeln mit Schwarz auftupfen, die Fellpunkte mit Gelbocker und Mittelbraun aufmalen.

3. Nach dem Trocknen der Farbe die Besenhaare mit Kraftkleber auf die Bartstoppel-Punkte kleben.

4. Für die Katzenschwänze die Wattekugeln auf Zahnstocher stecken und terracottafarben bemalen.

5. Den Silberdraht in die gewünschte Form biegen, in die Wattekugel stecken und mit Kleber fixieren.

6. Die Perlen aufziehen. Die letzte Perle wieder mit Kleber fixieren. Den Schwanz mit der Wattekugel von hinten gegen den Tontopf kleben und gut festdrücken.

7. Die Ohren von der Vorlage auf Tonkarton übertragen und ausschneiden. Mit Hilfe dieser Schablone die Kontur mit weichem Bleistift auf den Filz übertragen. Die Ohren ausschneiden und mit etwas Kleber auf den Köpfen fixieren.

8. Aus der Paketkordel kleine Schleifen binden. Auf die Kordelenden Holzperlen fädeln und mit Kleber fixieren. Die Schleifen auf die Töpfe kleben.

Material:

- *Je 1 Tontopf, Ø 3,5 cm und Ø 4,7 cm*
- *Je 1 Holzkugel, Ø 25 mm und Ø 35 mm, ohne Bohrung*
- *Je 1 Wattekugel, Ø 12 mm*
- *Holzperlen in Gelbocker und Braun*
- *Marabu-Decormatt Bastelfarbe in Gelbocker, Mittelbraun, Scharlachrot, Schwarz, Weiß*
- *Pinsel*
- *Stabiler Silberdraht*
- *Einige Kokosbesenhaare*
- *Tonkartonrest*
- *Weicher Bleistift*
- *Filz in Hellbraun*
- *Dünne Paketkordel*
- *Zahnstocher*
- *Schere*
- *Kraftkleber*

Vorlage 6

Bärenstarke Kette

1. Mit der Bohrmaschine zwei gegenüberliegende Löcher in die Seitenwand des Tontopfes bohren. Ein Ende der etwa 68 cm langen Hutschnur von außen durch ein Bohrloch führen, eine Perle auffädeln und mit einem Knoten sichern.

2. Nun die Perlen auf die Schnur fädeln. Das Schnurende durch das zweite Topfloch führen und ebenfalls mit einer innen liegenden Perle sichern.

3. Die Holzkugel auf einen Pinselstiel stecken und mit Braun bemalen. Trocknen lassen. Für die Schnauze Braun und Hautfarbe zu einem Beige mischen. Die Schnauze aufmalen und trocknen lassen. Danach Nase, Nasenlinie und Mund mit Schwarz aufmalen.

4. Für die Augen zuerst Weiß auftragen, dann die Pupillen aufmalen. Die Punkte der Bartstoppeln mit einem Zahnstocher aufsetzen. Nach dem Trocknen mit Mattlack überziehen.

5. Die Ohren aus Filz fertigen. Dazu die Vorlage auf Tonkarton pausen und ausschneiden. Die Schablone auf den Filz legen und die Konturen mit einem Bleistift nachfahren. Die Ohren ausschneiden und an den Kopf kleben. Den Bärenkopf auf den Tontopf kleben.

Tipp: *Damit die Bohrlöcher sich möglichst genau gegenüber liegen, sollten Sie die gewünschten Positionen zuvor exakt ausmessen und mit einem Bleistiftpunkt markieren. Weitere Tipps zum Bohren von Löchern in Tontöpfen finden Sie im Grundkurs auf Seite 4.*

Material:

- *1 Tontopf, Ø 3,5 cm*
- *1 Holzkugel, einseitig gebohrt, Ø 25 mm*
- *Holzperlen in Gelb, Ocker, Braun*
- *Marabu-Decormatt Bastelfarbe in Dunkelbraun, Hautfarbe, Schwarz, Weiß*
- *Marabu-aqua-Mattlack*
- *Pinsel*
- *Zahnstocher*
- *Bastelfilz in Braun*
- *Tonkarton*
- *Weicher Bleistift*
- *Hutschnur in Dunkelbraun*
- *Kraftkleber*
- *Schere*
- *Bohrmaschine mit Steinbohreraufsatz, Ø 3 mm*

Vorlage 7

Jonglierender Clown

1. Den Tontopf mit Purpurrosa und Scharlachrot bemalen. Trocknen lassen. Alle nun folgenden Kugeln zum leichteren Bemalen auf Schaschlikspieße oder Zahnstocher stecken. Die Holzkugel und die beiden größeren Wattekugeln hautfarben bemalen, trocknen lassen. Die sieben kleineren Wattekugeln entsprechend der Abbildung bemalen und trocknen lassen.

2. Die rote Wattekugel-Nase auf den Kopf kleben. Mit einem feinen Pinsel Augen und Mund in Schwarz aufmalen. Mit der Zahnstocherspitze weiße Lichtreflexe in die Augen setzen.

3. Für die Haare einen Filzstreifen von 1,5 x 8,5 cm zuschneiden. Den Streifen an einer Längsseite abrunden und zu zwei Dritteln einschneiden. Die Filzhaare um den Kopf kleben. Den fertigen Kopf mit Kraftkleber auf dem Tontopf fixieren.

4. Den Silberdraht auf 10 cm kürzen. Die bemalten Wattekugeln zunächst mit der spitzen Sticknadel durchstechen und dann auf den Silberdraht ziehen. Die beiden Drahtenden mit etwas Kraftkleber in die Wattekugel-Hände stecken. Die Hände auf den Tontopf kleben.

5. Aus dem Geschenkband eine Fliege herstellen. Dazu das Band auf 13 cm kürzen. Die Bandenden übereinander legen, die Mitte raffen und mit dem Silberdraht straff abbinden. Die Drahtenden miteinander verdrehen.

6. Die Fliege nun mit Heißkleber zwischen Kopf und Körper fixieren. Zum Schluss die Mini-Pompons ebenfalls mit Heißkleber als Knöpfe auf der Vorderseite des Tontopfs fixieren.

Tipp: *Statt eines vorgefertigten Silberdraht-Bogens können Sie auch normalen Silberdraht von der Rolle verwenden. Biegen Sie den nicht zu dünnen Draht einfach über einem Tontopf mit der gewünschten Größe in Form.*

Material:

- *Tontopf, Ø 5,5 cm*
- *Holzkugel, Ø 4 cm*
- *2 Wattekugeln, Ø 15 mm*
- *7 Wattekugeln, Ø 12 mm*
- *Mini-Pompons*
- *Marabu-Decormatt Bastelfarbe in Purpurrosa, Scharlachrot, Hautfarbe, Gelb, Orange, Lemon, Blau, Schwarz, Weiß*
- *Bastelfilz in Orange*
- *Stabiler Silberdraht, rund gebogen*
- *Dünner Silberdraht*
- *Geschenkband, 2,5 cm breit*
- *Pinsel*
- *Spitze Sticknadel*
- *Schaschlikspieße und Zahnstocher*
- *Schere*
- *Kraftkleber*

Froschkonzert

1. Die Holzkugel auf einen Pinselstiel stecken und mit Hellgrün bemalen. Trocknen lassen. Die großen Wattekugeln auf Schaschlikspieße, die kleinen auf Zahnstocher stecken und mit Hellgrün (Hände) und Mittelgelb (Augen) bemalen. Trocknen lassen.

2. Auf die gelben Froschaugen schwarze Pupillen malen, trocknen lassen. Die Augen so auf die Kugeln kleben, dass die Bohrungen genau waagerecht angeordnet sind. Den Mund und die Nasenlöcher mit Schwarz, die Bäckchen mit Rot aufmalen.

3. Für die Froschfinger die Spitzen der Wattestäbchen mit Schere oder Zange abschneiden und, wie auf der Abbildung zu sehen, mit Klebstoff auf die Wattekugeln kleben. Die Finger mit Hellgrün bemalen, trocknen lassen.

4. Die Paketkordel durch die Bohrung im Kopf ziehen, die Holzperlen auffädeln und jeweils mit einem Knoten sichern. Die Knoten mit etwas Klebstoff in den Löchern der Wattekugel-Hände fixieren. Zum Schluss die fertigen Frösche in die Töpfe setzen.

Material:

Für den kleinen Frosch:

- *1 Tontopf, Ø 3,5 cm*
- *1 Holzkugel, Ø 35 mm*
- *2 Wattekugeln, Ø 15 mm (Hände)*
- *2 Wattekugeln, Ø 12 mm (Augen)*
- *2 Holzperlen in Grün, Ø 13 mm (Arme)*
- *2 Holzperlen in Grün, Ø 8 mm (Arme)*

Für den großen Frosch:

- *1 Tontopf, Ø 4,7 cm*
- *1 Holzkugel, Ø 45 mm*
- *2 Wattekugeln, Ø 20 mm (Hände)*
- *2 Wattekugeln, Ø 15 mm (Augen)*
- *4 Holzperlen in Grün, Ø 13 mm (Arme)*
- *2 Holzperlen in Grün, Ø 8 mm (Arme)*

Außerdem:

- *Marabu-Decormatt Bastelfarbe in Hellgrün, Mittelgelb, Schwarz, Scharlachrot*
- *Paktkordel*
- *Pinsel*
- *Schaschlikspieße und Zahnstocher*
- *Wattestäbchen*
- *Zange oder kräftige Schere*
- *Kraftkleber*

Fledermäuse, ach du Schreck!

1. Die Tontöpfe mit Schwarz bemalen. Trocknen lassen. Die Wattekugeln auf Schaschlikspieße oder Zahnstocher stecken, schwarz bemalen und trocknen lassen.

2. Drei Schaschlikspieße auf den Durchmesser des Topfbodens kürzen. Das Stickgarn für die Beine und die Aufhängeschlaufe am Hölzchen festknoten und im Topfrumpf quer stellen (siehe Grundkurs Seite 3).

3. Die Wattekugel-Füße an die Beine kleben. Das Garn für die Aufhängung mit der Sticknadel durch den Wattekugelkopf ziehen und vorerst lang belassen. Den Kopf nach unten ziehen und auf den Topfboden kleben.

4. Die Pompon-Nasen auf die Köpfe kleben. Die Indianerperlen mit der Pinzette und etwas Klebstoff als Augen aufkleben, dabei darauf achten, dass die Bohrungen als Pupillen vorne liegen (siehe hierzu auch Tipp auf Seite 3).

5. Die Vorlagen für Ohren und Flügel auf Tonkarton übertragen. Die Schablonen auf den Filz legen und mit einem weichen Bleistift die Umrisse nachfahren. Die Filzteile ausschneiden. Die Ohren an die Köpfe, die Flügel an die Tontöpfe kleben.

6. Für die Mobilestange das Rundholz beidseitig mit einem Spitzer anspitzen und die Perlen aufstecken. Die Fledermäuse anhängen. Zum Schluss die Aufhängung anknoten.

Material:

- *3 Tontöpfe, Ø 3,5 cm*
- *3 Wattekugeln, Ø 25 mm*
- *6 Wattekugeln, Ø 10 mm*
- *3 Mini-Pompons in Rot*
- *Indianerperlen in Weiß*
- *2 Perlen in Rot, Ø 10 mm*
- *Rundholzstab, Ø 3 mm, Länge ca. 20 cm*
- *Marabu-Decormatt Bastelfarbe in Schwarz*
- *Pinsel*
- *Schaschlikspieße und Zahnstocher*
- *Stickgarn in Schwarz*
- *Spitze Sticknadel*
- *Tonkarton*
- *Weicher Bleistift*
- *Bastelfilz in Rot*
- *Schere und Pinzette*
- *Spitzer*
- *Kraftkleber*

Vorlage 8

Schachtelhocker Oskar

1. Den Tontopf mit Purpurrosa bemalen, trocknen lassen. Das Holzei auf einen Schaschlikspieß stecken und die Wattekugel als Nase aufkleben. Den Kopf mit Hautfarbe, die Nase mit Rot bemalen. Trocknen lassen.

2. Die schwarzen Augenpunkte mit der Spitze des Schaschlikspießes aufsetzen. Den Mund mit Weiß und Schwarz aufmalen. Die Holzfüße auf Zahnstocher stecken und rot bemalen. Trocknen lassen.

3. Die Spanschachtel mit Gelb, Orange und Rot gestalten. Trocknen lassen. Den Schachteldeckel mit roten Punkten bemalen.

4. Das Stickgarn für Arme und Beine an einen passend zugeschnittenen Schaschlikspieß knoten und diesen im Topf befestigen (siehe Grundkurs Seite 3). Perlen und Füße auffädeln und mit einem Knoten sichern.

5. Die Vorlage für den Kragen auf Tonkarton übertragen und ausschneiden. Diese Schablone auf den Filz legen und zweimal mit weichem Bleistift nachfahren.

6. Die Kreise mit der Zickzack-Schere ausschneiden und auf den Topfboden kleben. Den Kopf darauf anbringen. Zum Schluss ein paar Kokosfasern bündeln, mit dem Draht straff abbinden und auf den Kopf kleben.

Material:

- *1 Tontopf, Ø 3,5 cm*
- *1 Holzei, 30 mm lang*
- *1 Wattekugel, Ø 12 mm*
- *Ovale Holzfüße, 19 mm lang*
- *Ovale Spanschachtel, 5,5 cm lang*
- *2 größere Holzperlen in Gelb (Hände)*
- *3 kleine Holzperlen in Gelb (Knöpfe)*
- *Marabu-Decormatt Bastelfarbe in Purpurrosa, Hautfarbe, Weiß, Schwarz, Gelb, Orange, Scharlachrot*
- *Stickgarn in Hellgrün*
- *Pinsel*
- *Weicher Bleistift*
- *Zahnstocher und Schaschlikspieße*
- *Bastelfilz in Orange*
- *Kokosfasern in Orange*
- *Dünner Silberdraht*
- *Tonkarton*
- *Zickzack-Schere*
- *Schere*
- *Kraftkleber*

Vorlage 9

Häschen-Girlande

1. In jeden Tontopf zwei genau gegenüberliegende Löcher mit der Bohrmaschine bohren. Die Holzkugeln mit Kraftkleber auf die Topfböden kleben. Trocknen lassen.

2. Die Kugeln mit Rehbraun grundieren. Trocknen lassen. Nase und Mund mit Schwarz, die Augen mit Weiß aufmalen. Trocknen lassen. Die Pupillen mit Schwarz aufmalen und die Bartstoppeln mit Schwarz auftupfen.

3. Die Vorlage für die Ohren viermal auf Tonpapier übertragen und ausschneiden. Die Ohren auf den Filz kleben und nochmals ausschneiden. Die fertigen Ohren mit der Filzseite nach vorne auf die Köpfe kleben.

4. Ein 50 cm langes Kordelstück zuschneiden. In ein Ende die Aufhängeschlaufe knoten und die ersten Perlen auffädeln.

5. Die Kordel durch den ersten Topf ziehen, dann weitere Perlen, den zweiten Topf und nochmals einige Perlen auffädeln. Am Ende der Kordel wieder eine Aufhängeschlaufe knoten.

6. Zum Schluss jedem Hasen ein Kordelstück um den Hals legen, jeweils eine Perle in einer beliebigen Farbe auffädeln und diese mit einem Knoten sichern. Die Kordel nach Bedarf kürzen.

Tipps: *Die Kette lässt sich nach Belieben verlängern. Achten Sie darauf, zwischen den Hasen genügend Perlen aufzufädeln, damit sich die Ohren nicht berühren. Ohne Kette zieren die kleinen Häschen den Ostertisch als lustige Platzdekoration. In diesem Fall können Sie auf die seitliche Bohrung verzichten.*

Material:

- *2 Tontöpfe, Ø 4,7 cm*
- *2 Holzkugeln, Ø 3,5 cm, ohne Bohrung*
- *Bunte Holzperlen*
- *Marabu-Decormatt Bastelfarbe in Rehbraun, Schwarz, Weiß*
- *Pinsel*
- *Tonpapier in Braun*
- *Filz in Braun*
- *Dünne Paketkordel*
- *Bleistift*
- *Schere*
- *Bohrmaschine mit Steinbohreraufsatz, Ø 4 mm*
- *Kraftkleber*

Vorlage 10

Kunterbunte Strubbelmännchen

1. Die Tontöpfe nach Wunsch bemalen. Trocknen lassen. Die Holzkugeln auf Pinselstiele stecken und mit Hautfarbe bemalen. Trocknen lassen. Die Perlen für die Nasen mit Kraftkleber aufkleben. Die schwarzen Augenpunkte mit einem Zahnstocher auftupfen.

2. Die Kragenvorlage auf Tonkarton übertragen und ausschneiden. Diese Schablone auf den Filz legen und mit einem weichen Bleistift nachfahren. Die Kreise mit der Zickzack-Schere ausschneiden.

3. Die Perlen für die Hände auf einen Wollfaden fädeln und mit einem Knoten sichern. Den Wollfaden quer über den Tontopfboden legen und mit Kraftkleber fixieren.

4. Nun zunächst den Kragen mit Kraftkleber auf den Topfboden kleben und dann den Kopf darauf befestigen. Für die Haare einige Wollfäden bündeln und mit einem Wollfaden straff abbinden.

5. Nun die Kette bilden. Dazu an einen längeren Wollfaden eine Holzperle knoten. Den Faden in eine Sticknadel fädeln und von unten durch die erste Figur ziehen (die Holzperle liegt jetzt im Topfrumpf). Den Faden durch das Haarbüschel ziehen und dieses mit der Scherenspitze in die Bohrung des Kopfes drücken. In gleichen Abständen die nächsten Figuren auffädeln. Zum Schluss in den Wollfaden eine Aufhängeschlaufe knoten.

Tipp: *Die Strubbelmännchen wirken auch als Einzelfiguren. Dazu jeweils den Faden mit einer Perle im Topf befestigen, wie unter Punkt 4 beschrieben.*

Material:

- *Tontöpfe, Ø 3,5 cm*
- *Holzkugeln, durchgebohrt, Ø 25 mm*
- *Wattekugeln, Ø 12 mm*
- *Holzperlen in Rot*
- *Marabu-Decormatt Bastelfarbe in Gelb, Orange, Pink, Hellgrün, Hautfarbe, Schwarz*
- *Pinsel*
- *Bunte Wolle*
- *Stricknadel*
- *Stumpfe Sticknadel*
- *Tonkarton*
- *Weicher Bleistift*
- *Bastelfilz in Hellgrün und Pink*
- *Zickzack-Schere*
- *Schere*
- *Kraftkleber*

Vorlage 11

Impressum

Entwürfe und Realisation: Petra Boniberger
Programmleitung: Susanne Klar
Lektorat: Sabine Fels
Titelfoto: Fotostudio Oswald,
79739 Schwörstadt, www.visuelle-medien.de
Alle anderen Fotos: Hermann Mareth, Offenburg
Styling: Ulrike Harter
Umschlaggestaltung: Stefan Hagen
Druck und Verarbeitung: J. P. Himmer, Augsburg

ISBN 3-89858-335-X

2. Auflage 2003

Autorin und Verlag haben alle Angaben und Anleitungen mit größtmöglicher Sorgfalt zusammengestellt. Dennoch kann bei Fehlern keinerlei Haftung für direkte oder indirekte Folgen übernommen werden.

Herstellerverzeichnis

Farben und Lacke:
Marabuwerke GmbH & Co.
Asperger Str. 4
71732 Tamm

Hobby- und Bastelbedarf:
Rayher Hobby, KnorrPrandell, Heyda-Werke, Uhu, alle über Hobby- und Bastelfachhandel